Desde mi alma # 2   *Mory Larrinua*

DESDE MI ALMA

2

POEMARIO

Desde mi alma # 2

Poemario

Autor: Mery Larrinua
Editor: Mery Larrinua
2019

ISBN: 978-0-359-57646-3

Lulu.com

Mery Larrinua

A mis musas…

A Chabuca Granda

C otabambas pario música y folklor
H ilvanando notas, traspasando fronteras
A briendo y consumando lazos de pueblos perdidos,
B uscando en sus propias raíces...
U na mujer nació,
C habuca le nombraron
A rrebol de claveles y geranios.

G randa su apellido
R escato del cielo la vereda, para el
A ndar de su caballero y que
N aciera en fina estampa.
D io y creo para el mundo, valses criollos y eternos
A mo su tierra y otras, se adentraron en sus sueños.

A Mercedes Sosa

Mujer de temple
voz protesta y fuerte
se oyó su grito su justicia
en cantares justos y armoniosos

De cuna humilde
orgullosa y firme
quisieron callar su voz
y su voz voló hacia otros lares

Mujer de temple
Que hizo temblar razones
corazones de pintura en lienzo
templo de pinceles y cuerdas musicales

en homenaje a usted hoy canto
con letras minúsculas en mayúsculas emociones
uno mi grito a esa justicia
y que entre los hombres también yo trato.

A Rubén Darío

La tormentosa atmosfera no permitió
divisar inmediatamente sus ojos,
su mirar, su desvelado mensaje
su despertar a un mundo nuevo.

En época difícil y quebrada
nace un poeta, Rubén Darío,
niño-poeta le llamaron
con musas e inspiraciones lozanas.

Muertes, desengaños y mentiras
forjaron insólito despertar
marcando la era del modernismo
caminos nuevos desconocidos buscar

Traspasa fronteras y mares
en su maleta roto el corazón,
se abre el "Azul" de su cielo
en rebeldes prosas a injusticia social

Lagrimas pesadas rompieron su sendero,
versos brotaron en ese andar,
renaciendo de su nombre, Rubén Darío
nueva fase, un canto universal.

A Violeta Parra

Entre poetas, cantores...
por sus venas transita el arte
expresado en heterogéneas aptitudes,
hija, madre, heredera y procreadora
de su cultura mágica hace destrezas.

Entre lienzos, esculturas y bordados
teje melodías a ritmo criollo,
recuperando raíces ancestrales,
de su pueblo con especial armonía.

El mundo se alimento de sus dones,
recitales, conciertos...solfeos ocultos
de la noche olvido la noche
y su soledad no la dejo ver,
nuevamente sus oleos.

A Alfonsina Storni

A lfonsina Storni
L ejos de tu tierra natal
F orjaste un hermoso camino
O bviando momentos duros
N unca bajar la frente
S ensible y decidida
I nculcaste airosa tu mensaje
N adar en dos aguas jamás
A andar siempre segura, mujer

S ociedad de fuertes perjuicios
T ormentosa época de
O stentosa hombría
R evertiste simbolismo casi utópicos
N asiste para gloria, mujer, poeta, nos
I nclinamos ante tus letras

Amor Celestial

Sigo las huellas de mis pasos
en un camino en reversa
anhelando integrarme
a la mirada interna de su alma

Ser el palpitar de los latidos
de un corazón puro y transparente
entregar el sentimiento
inexplicable del universo

Ir más allá de su vida
al comienzo de su andar
del espiral largo y profundo
sin principio…sin final

Mirar el infinito del cielo,
el brillo de una estrella
y adivinar el nacimiento
de un amor celestial

Atrapada

Viajé al universo
toqué astros y cometas
integración al infinito.

Traspasé sistemas estelares
en busca de tus ojos
asteroides, nebulosas y planetas,
anfitriones de mi inexplicable angustia.

El destello de ellos ocultaban las estrellas,
haciendo de mi búsqueda inevitable desespero,
pero ahí estabas…lo sentía…
el aura celestial de un oculto planeta lo decía.

Y a través del vacío salté…
me introduje en miles de espirales,
universos islas me abrieron sus puertas
caí…sentí y abrí mi alma… quedé atrapada.

Gavilán

En aquel pino el gavilán
sigiloso y con extrema precaución
observa paciente la indefensa paloma.

Blanca paloma de ojos tristes,
se siente perdida en su andar,
tiembla de miedo o desesperanza,
no sabe aquella mirada interpretar.

Oscureció, dolía,
dolia su cuerpo, aun mas su alma,
¡como pesaba su soledad!
elevo su desanimado talle
allí estaba... creía sin piedad.

Los minutos pasaron...las horas...
-ya podía volar-
su instinto unánime al reflejo...
cual su sorpresa entendió
que el gavilán no la acechaba
la protegía de alguna maldad.

Granada

Desde América te canto
ciudad de moros y ensueño,
museos, trenes y amores
en rincones de mágicos sueños.

De colores tu primavera
reviste tus montañas,
en notas claras musicales
orgullosa tierra mediterránea.

Es para ti mi inspiración
y en tu costa tropical.
mi corazón late presuroso
enamorado de tu tradición.

Granada de grandes recuerdos
de España tu conocida Alhambra,
engalana tus siglos de historia
Oh tierra de gitanos…tu entraña.

Homenaje a una madre

Sublime un cantar
a una bella señora
hermosa de corazón
yde alma buena

Su hijo orgulloso
el pecho se hincha de emoción
al recordar un sentimiento
que con ella al cielo voló

Su dulce semblante
el viento recuerda hoy
los ángeles cantando
una bienvenida de amor

Virgen de alma tierna...candor...
notas musicales en el universo
estrellas y astros danzan
al compás de su son.

Luz

Los minutos del ayer
se apresuraron en el pasado
adulando el amanecer
de un esperar cansado

Fue triste la espera
la angustia del no concebir
del tiempo la esperanza
la esperanza para vivir

Mas la luz se hizo evidente
en su inquieto y lento andar
forjando irremediablemente
un nuevo camino para volar

alzo la vista… miro al cielo
al firmamento se acerco
su corazón latió presuroso
el sol todo su cuerpo ilumino

A Charles Baudelaire

En desordenado quehacer de una vida extraña
quedaron marcadas sus letras
romántico…amante e historias
cubrieron su nombre… en vida bohemia.

Sensible… tal vez incomprendido
buscó refugio a su inspiración…
…siempre expresando su verdad escrita…
y una cuna a su musa loca.

Dejó el legado de su alma inquieta
en manifestaciones quizás no debidas
pero sus letras llenaron continentes,
nuevas tierras…atravesaron mares.

Inspiró corazones, amores, ilusiones…
de amantes y sueños prohibidos
y hoy poeta inspiras mi alma…
hoy Charles Baudelaire mi alma herida.

…Asi sea…

Soy tu silencio
tu verdad, tu mentira,
soy el reflejo de tu sombra
en una noche sin luna.

Soy abismos, caidas
enigmas y fantasias oscuras,
que libera el cuerpo confuso
convitiendolo en quimeras

Soy el aroma de tu piel
virgen de caricias y anelos
soy tu sabor y el aliento
del desvelo en campo abierto

Soy tu cancion,
tu suspiro que inspira
letras, pensamientos que invierten
creando luz, aperturas
y uniones desmedidas

Soy tu despertar
tu ilusion tu utopia
de un universo
sin presunciones ni mentiras

Puedo ser tu, dentro de mi misma
atomos en espacio del firmamento
de tu naturaleza sin principio
en un tiempo siempre infinito.

….Asi sea…

Atardecer…Planeta…Mujer

Inspirador de poetas,
pinceladas de amor.
colores y sentimientos,
planeta de dulces tonadas.
Tierra madre,
de su profundidad pare,
mujer tierna, mujer protectora,
de hijos, raíces y naturaleza,
Fusión de pluma y pincel,
frutos en versos,
pureza y candor.
Seguidor de poetas,
el mar te devuelve,
tristezas y melancólicos recuerdos
de ancestros que revierte en esquemas,
nuestro planeta nace y se alimenta
de su fruto…mujer inspiradora.

Busqueda... el Universo

...es el despertar de nuestra conciencia
la expansión de nuestra energía interna
haciendo explosión en la inmensidad cósmica
buscando origenes
para fundirse en la unidad del espíritu único universal...

Cielo gris

Del cielo gris la tristeza asoma
encogida a sus deseos la brisa eleva
instantes de omisión, creciente espera
de sus ojos una mirada que nunca llega.

El amor se pierde en su propia espesura
el dolor reclama su efímera angustia
sin entender la ausencia de lo que no existe
sin imaginar la penumbra que cubre el olvido.

La luna esconde su faz inquieta
para que no pueda ser vista
creando con sus lagrimas un mar profundo
donde ahogar al fin sus míseras penas.

El amanecer crea supuesta esperanza
la fe aparece infinita…
duda el camino que se perdió en la noche
devolviendo un rayito de luz que sintió confusa.

Del cielo gris la tristeza escapa,
del abandono y descuido abate inconsciente
concibiendo llama, luz, destello,
forjando promesas e ilusiones perdidas.

Y a los lejos se vio unos ojos,
buscando desesperados a través de las nubes
rayos de sol, luz de luna,
encontrando feliz su verdadero destino.

…y del cielo gris se esfumo la tristeza…

De ti-árbol futuro

De tu fértil tierra
dame el pensamiento,
para crear de los sueños
una realidad.

Dame de cada pétalo
tú esencia virgen,
y del espíritu
su transparencia resaltar.

Dame de la raíz
tu tierno alimento,
para dar luz, camino,
energía a la verdad.

Del Tallo firme y erguido
robusto y no efímero,
rescatare en cada segundo
tu firmeza e integridad.

Del frondoso follaje
la alegría, vida y ensayo,
de expresión solemne   .
evolución e imagen tomar.

Dame tu semllla
siémbrala en mi alma,
que la naturaleza elabore
aquel mundo perdido,
que tú, ella y yo
dejamos un día pasar.

Desnudate

No alcanzas ver lo que tus ojos miran,
la coraza inquebrantable que cubre tu cuerpo,
no permite que la luz llegue a tu alma.

Desnudate

Una energía pura protegerá tu cuerpo,
oirás de nuevo tu corazón latir,
sentirás vida más allá de tu silencio.

No permitas que la razón equívoca del dolor
domine de tu ser el sentir profundo,
el verdadero yo que pertenece al universo,
no lo encarceles…libera tu alma, tu cuerpo y tu mente.

Serás parte de la unión celestial,
de la conciencia única que rigen las estrellas,
brillaras y tus destellos llegaran a otros seres,
desde la tierra…al infinito.

Distancia *

Es la distancia,
o el tiempo derretido en mis manos...
...extraño el calor de tus brazos,
el silencio de un beso,
el éxtasis del alma hambrienta y satisfecha.
Brinco cada ola en impulso,
creando un sendero que acorte,
el azul del cielo y que me haga fluir,
en la transparencia pura del deseo.
Déjame entrar
en aquel castillo... no sé si de luz o arena ,
al gran salón del amor,
donde los pájaros cantan
y las gaviotas se enamoran.
Déjame degustar tu néctar
No importa si en el mar o riachuelo
Beberé de él hasta saciar
mis sueños en los tuyos... en desvelo.
Arca de ilusiones... fantasías,
ondeando en mar abierto,
haciendo palpitar corazones,
al son de espejismos y ensueños.
Mis párpados caen ,
al peso del delirio...
deseando de tu boca,
un beso, una palabra... tu sonrisa .
¡Oh amores... amores...
que iluminan los senderos!
inspiraciones de hadas,
musas que se entregan al cielo.

*Publicado en EntreAzules (libro de poesía)

Lago Azul

En aguas tranquilas de un lago lejano
se advierte su angustia esperando el abrazo
de un amor perdido sin tiempo y espacio
solo el deseo de lo que fue incierto y vacio.

Su cara triste, el reflejo en sus ojos,
le devolvió el dolor que no alcanzaba entender
humedeciendo de su superficie el azul,
de lagrimas derramadas sin encanto y enojo.

La luna desde el firmamento,
quiso mirarse como espejo escondido,
mas aquellas lagrimas ahogaron el silencio
de su ilusión y esperanza de un amor divino.

En el crepúsculo el lago tranquilo,
suspiro conforme a su cruel destino,
soledad su acompañante, ojos tristes,
alimentando con recuerdos sus días y sus noches.

Es tu vida o la mía

Es tu vida o la mía
La que sin piedad arrancaba al alba
La inexactitud de la viva luz
El rayo que buscaba su morada

Es tu vida o la mía
La que incesante inquiría guarida
Para cubrir en la oscuridad su noche
El amparo de la hiel vestida

Es tu vida o la mía
La que inspiro aquellos versos
Alcanzando solo el pensamiento
Desterrar aquel sufrimiento puro.

Es tu vida o la mía
La que llorar no pudo
Cuando sus pasos temblorosos
Atravesaron el camino siniestro
De la duda la incertidumbre
De un amor lejano
De la ausencia su dulzura
Un pájaro se alejo intranquilo...
Como símbolo profano del tiempo.

Frio-Sin destino

La humedad de tu cuerpo
maná para el mío
sustento diario de un vivir sublime.

Decaeré sin tu abrazo,
abriendo una brecha en mi mundo vacío,
ámame siempre…cada segundo,
o moiré de tristeza en el abismo absoluto.

La luz de tus ojos ilumina mi camino,
cada paso marcando mi destino,
dependo de tu aliento amor mío,
no dejes de respirar que moriré de frio.

Cuando el viento deje de soplar,
en la ladera de nuestra vía,
tus jadeos serán el impulso,
para llegar a mi infinito.

Amame amor mío, ámame siempre,
que tu amor traspase hoy y mañana mi cuerpo.
Abrázame, abrázame fuerte,
que sin tu abrazo, moriré sin destino.

Homenaje a Ana Frank

Oscuridad…frío…
húmeda piel bajo un rocío inexistente
dolor y soledad
que penetra paredes que se buscan
en el afán de ahogar sus penas.

Suplíca una espera
un espacio de tiempo
letras en un diario sufrido y penoso
donde la verdad quiere plasmar
en lagrimas vertidas en papel blanco.

quedó…quedó el testimonio
del grito desesperado de su alma gris
con la esperanza de ser leído
y fue…el Diario de Ana Frank…
en una Novela para el mundo.

Magia (Poemario Entre Azules)

Saturado de luz y gracia,
el lobo aúlla en alentador indicio,
ha caído una estrella,
rasgando mantos de nieblas,
desnudando el universo.

Se oyen campanas...
también tambores...
sangre que burbujea en vida,
las venas se ensanchan,
respiran... encantan los sentidos...
creando magia en el cosmos infinito.

Vislumbro el atardecer
anfitrión pacifico de mis antojos
esperando el umbral
de una nueva era para amarte

no se si es mar o brisa fresca
el salpicar suave en mi rostro
que me impulsa a emitir
un sonido sordo inquebrantable

y es el arquit que sostiene
la pasión naciente inexplicable
de sueños pacientes y sólidos
abrazando tu luna y mis astros

y me adentraré en el universo
para amarte infinitamente
para que los ángeles canten
al amor puro de nuestras almas

Maripositas

Para ti

Sentí sobre mi piel
el contacto de una mano amiga
y sin apenas darme cuenta
se volvieron momentos de placer.

Alce con timidez mis ojos
las mejillas como adolecente, sonroje
maripositas clásicas en mi vientre
vi a Cupido con su flecha esconder.

El océano se achico de repente
las costas se sintieron tener
nuestras bocas se sellaron en un beso
las aves volaron al amanecer.

Y fue que tu cuerpo se unió al mío
nuestros corazones cantaron a la vez
el amor se volvió regalo
soberano se vertió a nuestros pies.

Mensaje fin de año

De la luz un rayito
del universo una pisca de amor
de los ojos de un niño la ilusión
para hacer un mundo mejor

De tu sonrisa la esperanza
de tu ser infinito la fe
la confianza y bondad crezcan
en cada ser en cada corazón

Que la paz, salud y amor rijan
en cada hogar, en cada ser humano
y formar un solo hogar en armonía
nuestro planeta tierra

Mis versos a Tupac Amaru

La luna de pierde
en el umbral de la noche,
se pierde ante la fuerza
de su origen Inka.

Se deslumbra a si misma
ante lo especial y reconoce,
su escencia de luz
en mision pura y noble.

Es su nombre
Tupac Amaru,
Poeta, filosofo,
libertador y guerrero.

Por su pueblo sufrio,
dolor fisico, alma herida,
y por su pueblo lucho
y unio sus voces en un solo grito:

¡ Libertad y una sola tierra para todos !

Naufragio

No pude más,
mi ser cansado cayó
y en un letargo que sentí eterno
alcancé oír voces,
abrí mis ojos...
figuras extrañas.
Pesado mi cuerpo trato incorporarse
mas no pudo.
Comencé a elevarme...suave...firme...
y como pétalo ya marchito y sin sustento,
me deje llevar.

Olí a mar, a sal, a playa,
mi piel pareció aceptar sin reparo,
la humedad cada vez más espesa,
queriendo aliviar el ardor,
roja y maltrecha capa de mi cuerpo.

No había fuerza, no había resistencia,
casi al ahogarme desperté
y quise abrir mis ojos
creer y confiar....la vida regresaba.

Encontré unos ojos
una sonrisa, una lagrima,
unos brazos que me arrullaban en silencio,
encontré paz, luz y esperanza...

Pasos

Cada paso se hace eterno…
tan lejano a su destino…
La distancia se humedece
y no cree en lo infinito del camino.

Tenebroso, áspero e incierto,
se ensombrece el paisaje que no he visto,
mi corazón salta y se rebela
ante la incertidumbre de lo que no está escrito.

Aunque lento mis pasos avanzan,
a través de la neblina espesa,
el temor disimula su existencia
no queriendo oír mi desesperado grito.

Y aunque el tiempo ayuda a la costumbre
de la soledad, la tristeza y lamento,
trata mi alma defenderse…y quien sabe…
si las penas se disipen.

Poeta

Quise ser poeta cuando vi la luz de tus ojos
en palabras transmitir el dulce clamor de mi alma
la ansiedad a la cercanía de tus brazos
al color y transparencia del océano de tu cuerpo.

Poeta convertirme por un segundo
besarte en versos…amarte en prosa ardiente
poeta para amarte con mi corazón lirico
en la inspiración del amor y la musa de tus besos.

Quise ser poeta para amarte con delirio
unirme a las olas cuando llegan a la playa
bañar tu piel y adentrarme en silencio
no se si para amarte más o deleitarme en tu cuerpo.

Febril de deseos abiertos
de tu mirada, tu sonrisa, la poesía de tu aliento
crear un soneto…al ritmo de tu voz
en arte menor o mayor…a la espera de tu encuentro.

En una copa de vino escribir tu nombre
componer un poema y poder saborear cada gota cada letra
y que recorran de mi ser todo rincón escondido
y en un solo sorbo convertirme en poeta.

Rosa

Bajo la tenue luz del pétalo de una rosa,
de su reflejo quieto y paciente,
a la expectativa de una mano amante
de su ofrenda de amor en prosa.

Suave su textura delicada aroma
para embriagar corazones y amores nacientes,
es su ilusión la desprendan un día,
prometiendo su espina guardar para siempre.

Erguida con honor y virtud virgen
deseosa de inspiraciones y dulces palabras,
esperando siempre pasiva,
un corazón enamorado la arranque.

Pasa una nube... la luna se asoma
se entristece su tez...dulce pétalo nostálgico,
de su tallo prendida brota una lagrima,
esperando otro día sea advertida.

Es su ilusión alimentar corazones,
ser inspiración de musas y poetas,
cargada de historias y amores escondidos
sonríe traviesa recordando memorias.

Y dicen de un atardecer sin penas ni glorias,
un corazón sangró dolido
la despedida de un amor creando,
de cada lagrima...el pétalo de una rosa.

A mi madre

Tu luz...

Volaste sin tiempo y espacio
a la dimensión que está de fiesta,
con flores alegrando la entrada,
porque ha llegado una reina.

Se oyen solfeos de pájaros,
amenizando tu estancia,
las estrellas se amontonan,
todas quieren asomarse.

Para saciar con tu luz la esperanza,
de la fe y la gracia,
de un Ángel que estuvo en la tierra,
y ha regresado venerable.

Una bandera

Es tu patria mi patria
bajo el azul infinito del cielo
como bandera el arco iris
uniendo al mundo entero

No concibo las fronteras
hermanos de una madre
somos una raza escogiendo la tierra
para nacer, crecer y volver a ella

Celebraciones, independencias.
libertad para las naciones!

Desearía un solo día, un solo mes una fecha
un solo gobierno….sin partido…
el amor…como regente
y que la libertad para muchos, no sea utopía

Donde independencia no tenga significado
y el racismo termino olvidado
una sola raza, sin color y perdón
…la humanidad en el mismo suelo
…una sola bandera.

Allá…

Allá…en el horizonte…
donde las caricias se vuelven espuma
y los besos se ahogan en el mar
donde tus ojos claman caricias
allá…allá mi mundo…podré engendrar

En la línea imaginaria…
donde los sueños nadan sin cesar
y las olas bailan en tu silencio
allá, allá…me hundiré en el mar

Saboreare el salado de la ausencia
Y a la brisa de tu playa instar
burbujas sonantes y asonantes
y con ellas volveré a amar

Eres tú

Eres tú la Luz de mis días,
la que abres mi camino,
la que borras mis desvelos.

Eres utopía para algunos,
bastón para muchos,
descartas interés, pesadillas y consuelas.

Eres amor, alegrías, recuerdos,
acompañas cada día,
alentando y descartando sinsabores.

Por ti sigo los pasos,
cada amanecer percibo colores,
no te apartes, no lo permitas.

Eres la Amistad,
esa que entiende de dolores,
la que ofrece apoyo.

Eres parte del Universo
como ser viviente en los corazones
Amistad infinita de un todo

Homenaje a Jorge Luis Borges

Su voz traspasó fronteras
sus letras el universo
sus ideas más allá del pensamiento
cada renglón de su propia filosofía

exponente máximo del ultraísmo
poeta arrítmico e innovador
desafiando tiempos y costumbres
vanguardista y creador

metafórico por excelencia
rompió esquemas, tradiciones,
lazos de palabras y sentimientos
dando imágenes a su poesía.

A ti Jorge Luis Borges
que dibujaste mis mañanas de ensueños

Otoño

No fue posible oír tus palabras
en el silencio cruel de tu sentir
las letras se esfumaron en la nada
haciendo incontrolable mí existir

El viento arraso todo vestigio
del amor que un día creí
por mis venas corría impaciente
el deseo de tus brazos perdí

La brisa fresca que dejo el verano
con ansias y cabizbajo en espera febril
quiso alimentar mi alma triste
en un resucitar que no pude resistir

Se asomo entonces el otoño,
las hojas secar se dejaron abatir
cansadas y tranquilas fueron cayendo
al suelo húmedo mis lagrimas sentí

Siempre

Esperare hasta que llueva
cuando mis lagrimas inunden el cielo,
y cansadas caigan al mar.
Esperare tu mirada
aunque tus ojos no puedan descifrar,
mi cuerpo marchito rindiéndose en tu pesar.

Esperare en silencio
ese que aguarda mis palabras
trilladas de amor y débiles en su andar,
porque nunca será tarde
aunque el tiempo se esfume en el deseo
es el encuentro de almas amantes
es el encuentro en un más allá.

Esperare con mi corazón abierto
con cicatrices cargadas de amor
sin dolores y congojas
solo el deseo de estar,
dentro de tu alma y fundirme en ella
aferrarme a tu ser,
formando un campo de flores
libres, libres en nuestro nuevo amanecer.
Te esperare…siempre…te esperare

Alma muerta

Mi cuerpo cansado…mi alma herida,
busca refugio en el calor de sus brazos,
y como ola en mar abierto,
libera mi necesidad, dejándola a la deriva.

Es cruento, es triste el llanto
cuando desgarra el corazón en un grito silente,
cuando una lagrima se vuelve sangre,
de dolor, cuan dura piedra, agravia, lesiona la vida.

Abatida mi razón, mi mente, mi censura
abro camino y en ese andar lento,
marco mis pasos firmes seguros,
al infinito… dolor de mi alma muerta.

Comenzar…

No es el cansancio que encorva su cuerpo
ni siquiera los años que pesan en el
son sus ojos cubiertos de llanto
que impiden erguirse y consuelo tener.

No es al camino empedrado y fangoso
no es al abismo que alcanza ver
es a la zozobra de la ausencia de sus besos
al que día tras día no quiere volver.

Y aunque caiga rendido a los pies de la vida
la fe y esperanza no ha de perder
tornar a sentir sus manos en una caricia
y que el fuego lo queme de nuevo…otra vez

Descubrí

Descubrí en la luna, tus ojos
fieles a recuerdos fugaces
y aunque rápido el amanecer
el calor lo sentí en mis brazos.

la noche clara ilumino mis pasos
abriendo brechas en mi difícil andar
aliviando el quehacer angustioso
dejando su luz y mis pisadas crear.

Avance, avance despacio
marcando brevemente la via al pasar
dibujando ensueños y esperanzas
y un mundo nuevo volver a empezar.

regreso mi fe y esperanza
la alegría de siempre estar
esperando tu sonrisa
y la ilusión volver a engendrar.

Descubrí en la luna, tus ojos

Fuego

Me tropecé con tu Mirada
se estremeció mi alma
tembló mi cuerpo,
tus ojos dieron luz al cielo
y paz a la tierra,
la tierra mi suelo
el cielo tu amor.
Brillaron las estrellas
en la espera del destello
al cruzarse el fuego de
nuestro corazón.
Era uno el corazón amado
era uno el cuerpo en flor
era un brillo, una luna,
era tu sol calentando mi sol..
Me tropecé con su mirada
uniendo la tierra y el cielo
dejando mi pecho lleno de tu amor.
Tu fuego.

Guarida

No pude más…
caí a sus pies sin ánimos ni respiro,
con una súplica en los labios
desnuda…y sin abrigo.
Lagrimas inundaron la guarida
donde creí fiel y segura
donde la luz se hizo tenue
y mis deseos inseguros.
Raspe la tierra con mis uñas,
buscando un pedacito de fe
y algo de esperanza…
la noche afuera esperaba…
la languidez de mis ojos
no encontraron la fuerza para cerrarlos.
Debil para estar alerta
escuche a los lejos un murmullo
casi un suspiro en mis sentires
con la tristeza de la nada hecha pedazos
volvi y alce los ojos
buscando desesperada una palabra
no importa fría…lejana…
una palabra dando vida a aquel
silencio tan mudo.

Muriendo

El deseo de ver tus ojos
nubló los míos...
y con mis brazos abiertos
intenté abrazarte y no pude tenerte.

caminé a oscuras...
el camino se hizo angosto
al paso de mis pasos
buscando la luz de tu mirada
y el calor de tu aura.

Que difícil estar sin ti
que fuerte me golpea la soledad
que duro el destino...o el final
mi vida sin tu vida...¡que vacio inmenso!

Traspasa el puente que nos separa
no dejes que la casualidad lo haga
aprieta tu corazón hasta que sangre
para gritar juntos...
que de amor, estamos muriendo.

Rayo de luz

Mis pensamientos fueron tuyos
mi sueño y mi despertar
el camino que quiso ser nuestro
un ave desvió.

-Llevando en su pico un álamo
un álamo de amor-.

El vacio de tu ausencia
hizo grieta en mi corazón
y días tras día
en vacio el espacio convirtió.

-En silencio la distancia
y en soledad el arrebol-.

De tus ojos una mirada
de tu boca una sonrisa
dando luz a la vida
y al atardecer la esperanza.

-Aquellos intensos rayos
del sol se desprendió-.

.

Te devuelvo la tristeza
Para que al mar logres arrojar
Y con fuerza abrazarte
Y amarte con pasión.

Siete planetas

Quizás olvidados, ocultos y sufridos
vírgenes de engaños, maltratos,
de manos cansadas, piel arrugada
tal vez callados, tal vez rendidos.

Mi verdad en su suelo
esperanza a mis sueños
donde dejaron vida fueron
y negados por ellos mismos.

Sus dulces ojos traspasaron el universo
me transmitieron candor, calor aquel día
cuando la luz brillante me ofrecieron
y que yo guarde celosa y a escondidas.

"No es verdad" - algunos decían
ilusiones, mentiras…cabeza loca
imágenes volátiles…ilegibles
pasaron a ser amor y confianza rota.

Pero allí estaban sus sonrisas
dulces y melosas sabiendo de mi
y así devolví a sus almas
caricias en la brisa infinita.

A Miguel de Cervantes

-Don Quijote de la Mancha
obra cumbre
de nuestra Literatura Universal-

Miguel de Cervantes Saavedra
de España su nacimiento
Caballero de Caballeros
del mundo su inmortalidad

Sus letras traspasaron
de fronteras a un mundo ideal
transformando difíciles momentos
en comedias sin igual.

Sin límites sus novelas
fantasías y azaroso vivir
Héroe de Lepanto
para su orgulloso existir

Su muerte paso al mundo
marcando su fecha redimir
El Dia del Libro
a su vida siempre rendir.

Agri-dulce

La brisa golpeó mi rostro
como aviso de fuerte tempestad,
mi corazón se abrió y lanzó
viejos recuerdos en la adversidad.

Ya abierto y con gran dolor
quiso cerrar su herida,
pero algo le impedía y era
un amor perdido en vida.

Los recuerdos pueden volar,
el aire lo puede dispersar,
pero un amor vivido,
jamás se podrá borrar.

Y asi aprendí a lidiar
con un dolor agri-dulce
agrio por desencanto
dulce porque supe amar.

Al Partir

Dejaste tus sueños en mis sueños
tus deseos en mi corazón
en las nubes las golondrinas
revoloteando con candor

te fundiste al universo en tu partida
como parte intrínseca de su luz
de él viniste y a él regresaste
transformando cada destello
en un proyecto de amor

tu musa dejaste en la tierra
las inspiraciones de tu mundo interior
para que de ella flotaran tus letras
creando estrellas, planetas… una flor

Allá esta

El horizonte se acerca
deseo tocar el horizonte
es la línea de mis sueños
y de todos mis antojos

vislumbro su perfección
que es inexistente
apuro mis pasos y jamás
logro penetrar en ellos

allá está, y como no abrazar
el espacio adivinado y persistente
mis pensamientos se aferran
al confín de lo imaginario

sigo mis pasos, abro el camino
caminando o volando, adherida al viento
para jamás caer desprevenida
ante la vertiente sin fondo ni salida.

Allá esta… El horizonte…
Allí esta… la línea de mis sueños

Bohemio

En desordenado quehacer de una vida extraña,
quedaron marcadas sus letras,
romántico…amantes e historias,
cubrieron su nombre… en vida bohemia.

Sensible… tal vez incomprendido,
buscó refugio a su inspiración…
…siempre expresando su verdad escrita…
y una cuna a su loca canción.

Dejó el legado de su alma inquieta,
en manifestaciones quizás no debidas,
pero sus letras llenaron continentes,
en nuevas tierras…y pensamientos perdidos.

Inspiró corazones, amores, ilusiones…
de amantes y sueños prohibidos
y hoy poeta inspiras mi alma…
hoy bohemio con tu alma herida.

Búsqueda

La búsqueda de tus ojos
trazo un camino
de dudas y desesperanza.

Ecos de miradas crudas
Voces silenciosas
Abismos de espera.

Triste el viento
limpió mi morada
arrasando el miedo
de mi soledad.

Mas el amor de un día
sembró ilusiónes
fantasias que alimentarían
el ardiente placer del pensamiento.

Llegaste a mi
cuando menos te esperaba
desnudé mi alma
para entregarte mis secretos

Volver a amarte
sin piel, sin cuerpo,
solo con el suspiro
de añoranzas de mis recuerdos.

Comienzo

Un estruendo transformó mi audición,
ondas candentes quemaron mi piel,
no pude con mi mirada reconocer el suceso,
mis ojos se nublaron, dolían.

Mil años pasaron en segundos.
El tiempo había desaparecido,
las sonrisas olvidadas en los rostros
que aun podían sentir.

Una mueca de horror plasmada en cada ser.
Había explotado…un misil atómico.
Comenzaba el fin del mundo.

Corazón abatido

Fui el desprecio de su alma
cuando el amor decidió crecer
arrancando con fuerza de mi pecho
mi corazón abatido no pude detener.

-Por el angosto camino lo arrastraste
sin piedad, con furia el silencio cayó
a tus pies en una súplica inquebrantable
con el grito que se ofrece sin razón-.

Y cual mi sorpresa cuando me elevé a sus ojos
frente a mi dos lagrimas derramó
las palabras que se ahogaban ansiosas
libremente el aire dispersó.

Suspiro de amor

El viento suspira
como último aliento de amor
desesperado en peregrinaje
alentando su temor

El viento suspira
en espera de su palabra
paciente sin desaire
sin presagios ni rencor

El viento suspira
cada instante mas fuerte
en remolino ha convertido
su paciencia y desazón

Que desespero es su aliento
que imperdonable creación
en huracán sus vientos
para arrancarse todo su amor

Hermoso recuerdo

Atravesé el angosto camino
introduciéndome despacio en el bosque espeso.
Sentí en mis pies, la humedad de hojas verdes,
recordando el frescor de viejas caricias y dulces besos.

Caminé...

Con su nombre en mis labios
bebí agua del cristalino riachuelo...
saciando mi sed de su recuerdo.
Con debilidad contenida seguí mi andar
por atajos desconocidos, perdida en el tiempo.

Sentí un deseo.

Abrazar aquel árbol que frente a mí erguía
mas el desaliento llegó profundo
cuando mis brazos no alcanzaron a rodear,
aquel frondoso algarrobo.

Cansada caí a sus pies,
casi inerte mi cuerpo tendido,
aquel nubarrón descargó las lágrimas,
que una noche me había pedido.

Gota a gota me devolvió mi llanto
gota a gota empapó mi cuerpo
cuando unos brazos me levantaron...
alce mis ojos, eran sus ojos...era su boca, era su arrullo,
era el hermoso recuerdo que había vivido.

Insólita esperanza

Es la insólita esperanza de tenerte entre mis brazos
bajo nuestra luna azul que nos abraza
la que empapa nuestra piel de dulces deseos
y vierte su luz liberándonos de tristezas

Cierro mis ojos para imaginarte cerca
para sentir tus manos acariciar mi rostro
para sentir tus labios rosar mis mejillas
para abrigar mi ilusión y regalarte una estrella

Y como no sentirla insólita
la esperanza que estés conmigo
si tu cuerpo partió muy lejos
allá, allá donde las almas son eternas

Interna verdad

El viento se paralizo en el tiempo
no supo si era amor o pasión
cuando sintió el calor de tu cuerpo
o fue un despertar de su ilusión

y como comenzar su impulso
y como andar en los minutos
si los segundos decidieron,
plasmarse en un inocente disfrutar

decidió tirarse y pensar...
si el tiempo seguiría su suerte
en su loco camino y su andar
o si sería su compañero,
...sin ni siquiera mirar atrás

Acertó en su tiempo y distancia
el amor surgió con lealtad
con fuerza arrasó los mares
abrigando el oleaje de su fuente,
... en su interna verdad

La palabra Amor

Del corazón al mundo
nace la palabra
la luz del universo
la hace crecer.
De las estrellas,
astros y planetas
se adueña,
es la palabra
de un nuevo amanecer.
Brilla tal cual belleza,
notas musicales alrededor,
-di Ángel, di la palabra -
-¿Y cuál sería tu secreto,
acaso no es eterna
la palabra AMOR?

Martirio

Fue un martirio su existencia
entre desamor y soledad
recuerdos felices perdidos
infértil tierra a la lealtad.

Difícil su presencia
en núcleo árido y destrozos
con atroces desengaños
inútiles la espera de besos.

Una vez tristes sus ojos
en gris se torno su color
del dolor y desesperanza
el calor de un abrazo no encontró

su corazón endureció
sus latidos espesos
los amores ajenos
sus heridas abrió.

No soportó sus risas
la alegría no entendió
tomó su arma y acabó
con aquello que para él no existió.

Naufragio espiritual

Olí a mar, a sal, a playa,
mi piel pareció aceptar sin reparo,
la humedad cada vez más espesa,
queriendo aliviar el ardor,
roja y maltrecha capa de mi cuerpo.

No había fuerza, no había resistencia,
casi al ahogarme desperté
y quise abrir mis ojos
creer y confiar....la vida regresaba.

Navidad

Ayer oí una historia, dicen que es historia real
era en la segunda guerra,en la segunda guerra mundial
un 24 de diciembre a las 12 Navidad.
Dos bandos con sus armas,una canción comenzó a surgir
las balas se congelaron, todos extasiados en el dulce cantar.
Era la Noche…la Noche de Navidad
de sus corazón emergieron sentimientos de Paz
amor por aquel chico…por aquel otro…
ayer enemigo sin sentir
hoy con el corazón lleno ¡lleno del amor de Jesús!

Oración de Paz

Espíritu Santo
Supremacía del Universo
Nuestras voces alzamos
Gritos callados te imploran
Envíanos desde el cosmos
A tus hijos de la tierra
Nobleza, sabiduría para perdonar, amar y convertir
Todo egoísmo, envidia y odio
En el más puro sentimiento de
Paz

Raices

Entre poetas, cantores…
por sus venas transita el arte
expresado en heterogéneas aptitudes,
hija, madre, heredera y procreadora

De su cultura mágica hace destrezas
entre lienzos, esculturas y bordados
teje melodías a ritmo criollo,
recuperando raíces ancestrales

De su pueblo con especial armonía.
el mundo se alimenta de sus dones,
las noches de sus lunas llenas
el sol su cepa, cada mañana

Recuperación

Se deshizo suave entre mis dedos
apoderándose sin permiso la brisa
esparciéndola por cada rincón
derritiendo nieves y finas escarchas

quise recuperar diminutas partes
para acariciar con ellas mi cuerpo
cuando sentí venir desde el universo
en su integridad mi amor eterno…

brindo por ello, alzo mi copa
y en cada gota mi suspiro profundo
fundiendo mi alma a la suya
al amor cósmico de un todo.

Reloj de sol

Un estruendo transformó mi audición,
ondas candentes quemaron mi piel,
no pude con mi mirada reconocer el suceso,
mis ojos se nublaron, dolían.

Mil años pasaron en segundos.
El tiempo había desaparecido,
las sonrisas olvidadas en los rostros
que aun podían sentir.

Una mueca de horror plasmada en cada ser.
Había explotado…un misil atómico.
Comenzaba el fin del mundo,
El reloj…no existiría sin sol.

Siempre

Nunca será suficiente para arrancar del alma
la tristeza y el dolor del niño en desmayo
de sed y hambre, de lamentos...
¿Donde están los derechos,
esos que heredamos y que de nuestro ser
propios son?
Los pueblos se ciegan se endurece el corazón
la costumbre y el miedo se apoderan sin control.
Mas el hombre seguirá luchado
gritando sin descansar,
en despertar de amaneceres
de brillantes soles, de mundos libres,
llenos de paz y amor.
Siempre habrá un camino
Siempre la esperanza
Siempre la fe en el corazón.

¡Oremos por nuestros pueblos
Gritemos por cada hombre sin voz
Luchemos por los derechos
Que como seres nos regalo Dios!

Sonrisa

Tu sonrisa me orienta a lo infinito
a la alegría de los duendes y duendecillos
a sus ojos picaros esperando mi respuesta
que demoro para iluminarme de sus risas

Tu sonrisa es paz y amor cósmico
que se unen a lo más grande y hermoso
a la vibración de los hombres buenos
al corazón de los que no adivino

Tu sonrisa es luz y color
que embellece mi mundo divino
no me dejes sin tu luz amorosa
que mis ojos jamás se alumbrarían

Tu sonrisa la llevo en mis adentros
como esperanza y fe en el camino
sígueme, no te alejes
que tu sonrisa puede cambiar mi destino

Sueños

Cuando las hojas cayeron
y la tierra humedeció,
cuando te busqué
y la sombra te ocultó,
me di cuenta que el tiempo
se había detenido.
Y aunque mis sentidos decían lo contrario,
la razón dejó de existir,
y me empeñé amarte en mis sueños...
y como floreciendo del fondo del océano
surgieron tus ojos,
surgió la mirada limpia y profunda
de tu corazón limpio y profundo,
y te volví a amar.

Testimonio

Oscuridad…frío…
húmeda piel bajo un rocío inexistente,
dolor y soledad
que penetra paredes que se buscan,
en el afán de ahogar penas.

La súplica de una espera,
espacio de tiempo,
letras en un diario sufrido y penoso
donde la verdad quiere plasmar
en lagrimas vertidas en papel blanco.

quedó…quedó el testimonio
del grito desesperado de su alma gris,
con la esperanza de ser leído,
y fue… su Diario,
una Novela para el mundo.

Una sonrisa al cielo

Sonreir al cielo es ver tus ojos
adentrarme en tu cuerpo sentir tu alma
es viajar al universo donde las estrellas juegan
se esconden y felices se encuentran

es hundirme en el océano mojar mi piel
mirar las nubes y viajar en ellas
volver a tus brazos quererte sin apuros
el cielo siempre está con una sonrisa feliz de verte

INDICE

FIN